¡El amor que has estado buscando
siempre ha estado dentro de ti!

TU NOMBRE:

"Padre nuestro que estás en los cielos,
santificado sea tu nombre.

Venga tu reino.
Hágase tu voluntad,
como en el cielo, así también
en la tierra.

El pan nuestro de cada día,
dánoslo hoy.

Y perdónanos nuestros pecados,
porque también nosotros
perdonamos a todos
los que nos deben.

Y no nos metas en tentación, mas
líbranos del mal."

Lucas 11 2-4

# El Poder de 3 Minutos

Cuando la tristeza del alma se vuelve insoportable, el tiempo mismo puede sentirse pesado. Las horas se alargan sin fin y el día por delante parece imposible de enfrentar.
Tal vez has intentado tantas cosas, solo para sentir que no funcionaron, o peor aún, que no lo intentaste lo suficiente.

Esto no es una carrera por resolverlo todo ni una prueba de fuerza. Es una invitación a comenzar desde lo más sencillo.

Tres minutos pueden parecer poco, pero son suficientes para empezar. Suficientes para respirar, suficientes para imaginar algo mejor, suficientes para dejar que el más pequeño destello de luz atraviese la oscuridad.

En tres minutos, puedes aliviar el peso de tu alma, puedes sentarte en silencio, escribir un solo pensamiento o dar un pequeño paso hacia la vida que deseas. Estas no son solo acciones; son líneas de vida. Cada 3 minutos crean espacio para la luz. Cada paso te ayuda a recuperar tu vida, cada decisión te acerca a tu propósito.

No tienes que hacer esto sola. La práctica de "3 for Me" está aquí para acompañarte, un paso de 3 minutos a la vez. Cada momento crea impulso hacia la claridad, la fortaleza y la esperanza, hasta que la tristeza comience a disiparse y la luz brille con más fuerza.

Ya diste el primer paso, simplemente al estar aquí.
Ahora, regálate 3 minutos. Que sea la chispa que te guíe de regreso a tu luz, tu vida y tu propósito.

 ## Dedícate 3 MINUTOS

 ## Usa 3 minutos en cada práctica de la lista

## ESTIRATE

Comienza despertando tu cuerpo y activando tu mente con una rutina de estiramiento simple pero poderosa. Siente cómo tus músculos se alargan, tu energía se enciende y tu enfoque se afina mientras liberas tensión y te preparas para recibir el día con propósito.

## HIDRÁTATE

Empieza tu día con 500 ml de agua para rehidratar y revitalizar tu cuerpo. Rétate a terminarlo en los próximos 3 minutos, pero si no lo logras, no pasa nada. Solo haz tu mejor esfuerzo. ¡Tú puedes!

## SILENCIO

Este es tu momento para honrarte con amor y amabilidad.
Durante los próximos 3 minutos, respira profundo y agradece a tu cuerpo por todo lo que hace por ti. Concéntrate en tus manos, tus piernas, tus brazos... en todo lo que hace que tu cuerpo sea únicamente tuyo. Incluso si se siente difícil, recuérdate que tu cuerpo merece amor, tal como tú lo mereces.
Abraza este tiempo para reconectar contigo y encontrar paz en tu interior.

## ALABA

Durante los próximos 3 minutos, céntrate en la reverencia expresando admiración por Dios o por la presencia divina en la que creas.
Tómate un momento para reflexionar sobre su grandeza, su perfección y las bendiciones que ha traído a tu vida.
Honra lo divino con alabanza sincera, gratitud y asombro, permitiendo que tu corazón se abra a la abundancia y a la esperanza.

## AGRADECE →□

Durante los próximos 3 minutos, respira profundo y comienza a notar la luz en tu vida.
Puede que no se sienta obvia en este momento, pero está ahí, esperando a que la veas.
Empieza por lo pequeño: la comodidad de tu cama, la luz del sol que entra por la ventana, el aire que respiras. Piensa en las personas que han tocado tu vida, ya sea con amor, amabilidad o apoyo, incluso en los gestos más sencillos.
Cada cosa buena, por mínima que sea, es un recordatorio de que la vida guarda belleza, incluso en sus momentos más difíciles.
Permite que la gratitud te abra los ojos a estas bendiciones y despierte en ti esa parte que está lista para sanar y crecer. Este es tu momento para reconectar
con la luz, una pequeña chispa a la vez.

## PERDONA →□

Reflexiona sobre el perdón como una práctica, no como algo que debas completar de una sola vez. Durante los próximos 3 minutos, empieza pensando en alguien que te haya herido. Reconoce el dolor que causó y cómo eso te ha afectado. Luego, considera cómo se sentiría liberar tan solo una pequeña parte de ese dolor hoy.
Recuerda: perdonar no significa justificar sus acciones. Es una decisión para liberarte del peso del resentimiento. Ahora dirige tu atención hacia adentro. Piensa en un momento en el que desearías haber actuado de otra manera. Sé amable contigo mientras lo reconoces. Eres humana, y cada experiencia es una oportunidad para aprender y crecer. Hoy, practica perdonarte un poco. Con el tiempo, estos pequeños pasos abrirán tu corazón a la paz, la sanación y la libertad.

## PIDE Y CONFÍA →□

Durante los próximos 3 minutos, abre tu corazón a Dios y comparte tus necesidades y deseos, incluso si se siente incómodo o incierto. No importa lo que estés enfrentando, recuerda que eres digno de amor, apoyo y cuidado.
Pide fuerza cuando te sientas débil, claridad cuando te sientas perdido, y paz en aquellas áreas de tu vida que hoy te pesan, ya sea en lo económico, lo familiar, la salud o el amor.
Incluso en tus momentos más difíciles, Dios te escucha y comprende tu corazón.
No necesitas ganarte Su ayuda;
Su cuidado por ti es constante e inquebrantable.
Encuentra consuelo en saber que nunca estás solo.

# AFIRMACIONES ←□

Durante los próximos 3 minutos, haz algo valiente: dirige tus pensamientos hacia tu interior y háblale con suavidad a tu corazón. Sé que puede ser difícil, pero estás aquí, y eso ya es importante. Escribe palabras que te eleven. Si no te salen las tuyas, puedes tomar prestadas las afirmaciones que encontrarás aquí. Permítete creer, aunque sea por un momento, que eres mucho más que tu dolor y los pensamientos que intentan detenerte.
Hay fuerza y belleza dentro de ti, incluso si cuesta verla.
Eres merecedor de amor, alegría y sanación, simplemente por existir.
Escríbelo. Cada palabra es un paso hacia la luz que ya habita en ti.

# SUEÑOS ←□

Durante los próximos 3 minutos, date permiso para soñar.
En algún momento del camino, los desafíos y decisiones de la vida pudieron haber silenciado tus sueños. Tal vez empezaste a vivir para otros, perdiendo el contacto con los deseos de tu propia alma. Pero nunca es tarde para volver a soñar. Cierra los ojos y deja que tu mente vague hacia la vida que realmente anhelas: esos sueños grandes y hermosos que hacen latir tu corazón. Escríbelos, sin importar cuán locos o imposibles parezcan. Tus sueños son tuyos, y tienen valor. Esta es tu oportunidad para imaginar
un futuro que se sienta vivo, alegre y verdaderamente tuyo.

# VISUALIZA ←□

Durante los próximos 3 minutos, quiero invitarte a intentar algo poderoso.
Toma uno de los sueños que escribiste —solo uno— e imagina cómo se sentiría si ya se hubiera hecho realidad. Cierra los ojos si eso te ayuda. Visualízate en ese momento. ¿Dónde estás? ¿Qué ves a tu alrededor? ¿Qué escuchas o sientes? Imagina las emociones que vivirías: alegría, paz, orgullo... y deja que fluyan a través de ti. Ahora, escríbelo en tiempo presente, como si ya fuera tu realidad. Por ejemplo: "Me siento tan orgullos@ de haber alcanzado esta meta" o "Vivo en paz y plenitud con esta vida que he creado." No tiene que salir perfecto. Solo permítete soñar en papel. Cuanto más practiques esto,
más empezará tu mente a creer en la posibilidad de hacer ese sueño realidad.

# PONTE EN MOVIMIENTO ←□

Comienza con solo 3 minutos de movimiento.
Estírate, da una caminata corta o baila tu canción favorita... lo importante es que pongas tu cuerpo en acción. El movimiento llena tu cuerpo y tu mente de energía, luz y vida.
Con el tiempo, ve aumentando hasta llegar a 30 minutos diarios, y con cada paso, recuérdate que estás creando impulso hacia una versión de ti más fuerte,
más luminosa y más conectada con tu propósito.

**Redescubre tu luz,
abraza tu vida y
vive con propósito.**

FECHA: DÍA: HORA:

 Dedícate
**3** MINUTOS

- [ ] ESTIRA TU CUERPO
- [ ] BEBE UNA BOTELLA DE AGUA
- [ ] SILENCIO
- [ ] ALABANZA
- [ ] AGRADECE
- [ ] PIDE PERDÓN
- [ ] PIDE Y CONFÍA
- [ ] AFIRMACIONES
- [ ] SUEÑOS
- [ ] VISUALIZA
- [ ] PONTE EN MOVIMIENTO

 Usa 3 minutos en
cada práctica de la lista.

# ALABANZA

_____

_____

_____

_____

_____

_____

_____

_____

# AGRADECE

_____

_____

_____

_____

_____

_____

_____

_____

_____

# PIDE PERDÓN

_____

_____

_____

_____

_____

_____

_____

_____

# PIDE Y CONFÍA

_____

_____

_____

_____

_____

_____

_____

_____

# AFIRMACIONES

_____

_____

_____

_____

_____

_____

_____

_____

_____

_____

_____

_____

_____

_____

_____

_____

_____

_____

_____

_____

# SUEÑOS

_____

_____

_____

_____

_____

_____

_____

_____

# VISUALIZA

_____

_____

_____

_____

_____

_____

_____

_____

_____

# ¿CUÁL ES MI PETICIÓN PARA HOY?

_____

_____

_____

# ¿QUÉ VOY A HACER HOY?

_____

_____

_____

# ¿QUIÉN QUIERO SER HOY?

_____

_____

_____

# MIS IDEAS:

_____

_____

# FECHA EN QUE TERMINÉ:                HORA:

3 for Me

Enfrenta tus desafíos con valentía, sabiendo que ya tienes dentro de ti todo lo necesario para salir adelante. No se trata de tener todas las respuestas ni de no sentir miedo, sino de elegir elevarte por encima de todo eso, con la certeza de que cuentas con un Dios que nunca se apartará de tu lado. Sé fuerte. Sé valiente. Da un paso firme hacia lo que venga, porque no caminas este camino en soledad. Estás sostenido, guiado y fortalecido.

FECHA:      DÍA:      HORA:

Dedícate
## 3 MINUTOS

- [ ] ESTIRA TU CUERPO
- [ ] BEBE UNA BOTELLA DE AGUA
- [ ] SILENCIO
- [ ] ALABANZA
- [ ] AGRADECE
- [ ] PIDE PERDÓN
- [ ] PIDE Y CONFÍA
- [ ] AFIRMACIONES
- [ ] SUEÑOS
- [ ] VISUALIZA
- [ ] PONTE EN MOVIMIENTO

Usa 3 minutos en
cada práctica de la lista.

# ALABANZA

_____
_____
_____
_____
_____
_____
_____
_____
_____

# AGRADECE

_____
_____
_____
_____
_____
_____
_____
_____
_____
_____

# PIDE PERDÓN

_____

_____

_____

_____

_____

_____

_____

_____

# PIDE Y CONFÍA

_____

_____

_____

_____

_____

_____

_____

_____

# AFIRMACIONES

_____

_____

_____

_____

_____

_____

_____

_____

_____

_____

_____

_____

_____

_____

_____

_____

_____

_____

_____

_____

# SUEÑOS

_____

_____

_____

_____

_____

_____

_____

_____

# VISUALIZA

_____

_____

_____

_____

_____

_____

_____

_____

_____

# ¿CUÁL ES MI PETICIÓN PARA HOY?

_____

_____

_____

# ¿QUÉ VOY A HACER HOY?

_____

_____

_____

# ¿QUIÉN QUIERO SER HOY?

_____

_____

_____

## MIS IDEAS:

_____

_____

## FECHA EN QUE
## TERMINÉ:                    HORA:

3 for
Me

No estás solo en tu misión; has sido
equipado con poder divino para cumplir
el propósito que se te ha encomendado.
El Espíritu Santo te fortalece para ser
testigo, no solo con tus palabras, sino
también con tu vida y tus acciones.

FECHA: DÍA: HORA:

 Dedícate
**3** MINUTOS

- [ ] ESTIRA TU CUERPO
- [ ] BEBE UNA BOTELLA DE AGUA
- [ ] SILENCIO
- [ ] ALABANZA
- [ ] AGRADECE
- [ ] PIDE PERDÓN
- [ ] PIDE Y CONFÍA
- [ ] AFIRMACIONES
- [ ] SUEÑOS
- [ ] VISUALIZA
- [ ] PONTE EN MOVIMIENTO

 Usa 3 minutos en
cada práctica de la lista.

# ALABANZA

_____

_____

_____

_____

_____

_____

_____

_____

_____

# AGRADECE

_____

_____

_____

_____

_____

_____

_____

_____

_____

_____

# PIDE PERDÓN

_____

_____

_____

_____

_____

_____

_____

_____

# PIDE Y CONFÍA

_____

_____

_____

_____

_____

_____

_____

_____

# AFIRMACIONES

_____

_____

_____

_____

_____

_____

_____

_____

_____

_____

_____

_____

_____

_____

_____

_____

_____

_____

_____

_____

_____

# SUEÑOS

_____

_____

_____

_____

_____

_____

_____

# VISUALIZA

_____

_____

_____

_____

_____

_____

_____

_____

# ¿CUÁL ES MI PETICIÓN PARA HOY?

_____

_____

_____

## ¿QUÉ VOY A HACER HOY?

_____

_____

_____

## ¿QUIÉN QUIERO SER HOY?

_____

_____

_____

## MIS IDEAS:

_____

_____

FECHA EN QUE
TERMINÉ: _____ HORA: _____

3 for Me.

Refúgiate en la fuerza y el gozo que te sostienen, un recordatorio poderoso de que, incluso en los momentos más desafiantes de la vida, el gozo divino de Dios es tu fundamento inquebrantable, tu resiliencia y tu aliento constante.

FECHA: _____ DÍA: _____ HORA: _____

 Dedícate
**3** MINUTOS

- [ ] ESTIRA TU CUERPO
- [ ] BEBE UNA BOTELLA DE AGUA
- [ ] SILENCIO
- [ ] ALABANZA
- [ ] AGRADECE
- [ ] PIDE PERDÓN
- [ ] PIDE Y CONFÍA
- [ ] AFIRMACIONES
- [ ] SUEÑOS
- [ ] VISUALIZA
- [ ] PONTE EN MOVIMIENTO

 Usa 3 minutos en
cada práctica de la lista.

# ALABANZA

_____
_____
_____
_____
_____
_____
_____
_____

# AGRADECE

_____
_____
_____
_____
_____
_____
_____
_____
_____
_____

# PIDE PERDÓN

_____

_____

_____

_____

_____

_____

_____

_____

# PIDE Y CONFÍA

_____

_____

_____

_____

_____

_____

_____

_____

# AFIRMACIONES

_____

_____

_____

_____

_____

_____

_____

_____

_____

_____

_____

_____

_____

_____

_____

_____

_____

_____

_____

_____

# SUEÑOS

_____

_____

_____

_____

_____

_____

_____

_____

# VISUALIZA

_____

_____

_____

_____

_____

_____

_____

_____

# ¿CUÁL ES MI PETICIÓN PARA HOY?

_____

_____

_____

# ¿QUÉ VOY A HACER HOY?

_____

_____

_____

# ¿QUIÉN QUIERO SER HOY?

_____

_____

_____

## MIS IDEAS:

_____

_____

FECHA EN QUE
TERMINÉ: _____        HORA: _____

**3 for Me**

Descubre la paz y la estabilidad que solo la provisión y la protección de Dios pueden ofrecer. A través de la fe, Él te concede descanso, te protege de la adversidad y llena tu vida de seguridad y esperanza.

FECHA: DÍA: HORA:

## Dedícate
## 3 MINUTOS

- [ ] ESTIRA TU CUERPO
- [ ] BEBE UNA BOTELLA DE AGUA
- [ ] SILENCIO
- [ ] ALABANZA
- [ ] AGRADECE
- [ ] PIDE PERDÓN
- [ ] PIDE Y CONFÍA
- [ ] AFIRMACIONES
- [ ] SUEÑOS
- [ ] VISUALIZA
- [ ] PONTE EN MOVIMIENTO

## Usa 3 minutos en
## cada práctica de la lista.

# ALABANZA

_____

_____

_____

_____

_____

_____

_____

_____

# AGRADECE

_____

_____

_____

_____

_____

_____

_____

_____

# PIDE PERDÓN

_____

_____

_____

_____

_____

_____

_____

# PIDE Y CONFÍA

_____

_____

_____

_____

_____

_____

_____

# AFIRMACIONES

Confío en la sabiduría infinita de Dios

SOY OBRA MAESTRA DE DIOS

DIOS ME GUÍA CON SU SABIDURÍA INFINITA

Encuentro descanso

Un buen día en

Mi vida

El Espíritu Santo transforma mi mente cada vez que me entrego

El amor de Dios es el lugar más seguro para mi mente ansiosa

Dios habla a mi espíritu, y yo aquieto mi mente para escucharlo

El tiempo de Dios es perfecto

en Jesús

Mi fe puede mover montañas

SOY REDIMIDO/A Y PERDONADO/A

SOY MARAVILLOSAMENTE CREADA/O

descansando en Jesús

TENGO TODAS MIS NECESIDADES COMPLETAMENTE SUPLIDAS

No tengo miedo; Dios está conmigo

Amo profundamente a la persona que soy

DIOS FORTALECE

TENGO IDENTIDAD DIVINA

MI VALENTÍA

NADA ME FALTA

Estoy en

Soy templo

DEL ESPÍRITU SANTO

God's peace guards me

PAZ

y a salvo

Dios me bendice cada día con Su misericordia renovada

NUEVA/O EN CRISTO

DIOS ESTÁ CONMIGO

El amor habita en mí

Soy escogida/o y parte de la realeza de Dios

Confío plenamente en mí

ME SIENTO

SOY

en calma

Estoy en proceso de ser renovado/a

MI VIDA ESTÁ GUIADA POR SABIDURÍA

respetada/o

Mi luz es mágica y única

SOY ÚNICA/O

MI ESENCIA ES EL

Mi cuerpo está

Mi vida forma parte de una gran historia de redención

AMOR

DIOS SE DELEITA EN MÍ

sano y fuerte

Agradezco con el corazón cada bendición que recibo

Mi fuerza viene de Dios

Tengo control sobre mis emociones

Soy una persona segura de mí misma

CREO EN MÍ

Jesús cargó con mis pecados y con mi sufrimiento

MI VIDA TIENE UN PROPÓSITO SAGRADO

SOY UNA CREACIÓN MAGNÍFICA

# AFIRMACIONES

_____

_____

_____

_____

_____

_____

_____

_____

_____

_____

_____

_____

_____

_____

_____

_____

_____

_____

_____

# SUEÑOS

_____

_____

_____

_____

_____

_____

_____

_____

_____

# VISUALIZA

_____

_____

_____

_____

_____

_____

_____

_____

_____

# ¿CUÁL ES MI PETICIÓN PARA HOY?

_____

_____

_____

# ¿QUÉ VOY A HACER HOY?

_____

_____

_____

# ¿QUIÉN QUIERO SER HOY?

_____

_____

_____

## MIS IDEAS:

_____

_____

FECHA EN QUE
TERMINÉ:        HORA:

3 for Me

Permíteme recordarte algo poderoso: la presencia y el apoyo de Dios están contigo en toda circunstancia. Él te asegura su compañía constante, su fuerza y su ayuda. Por eso, nunca enfrentarás los desafíos solo, ni caminarás este camino en soledad. Su presencia está siempre contigo, sosteniéndote, guiándote y dándote todo lo que necesitas.

FECHA: DÍA: HORA:

 Dedícate **3** MINUTOS

- [ ] ESTIRA TU CUERPO
- [ ] BEBE UNA BOTELLA DE AGUA
- [ ] SILENCIO
- [ ] ALABANZA
- [ ] AGRADECE
- [ ] PIDE PERDÓN
- [ ] PIDE Y CONFÍA
- [ ] AFIRMACIONES
- [ ] SUEÑOS
- [ ] VISUALIZA
- [ ] PONTE EN MOVIMIENTO

 Usa 3 minutos en cada práctica de la lista.

# ALABANZA

_____
_____
_____
_____
_____
_____
_____
_____

# AGRADECE

_____
_____
_____
_____
_____
_____
_____
_____

# PIDE PERDÓN

_____

_____

_____

_____

_____

_____

_____

# PIDE Y CONFÍA

_____

_____

_____

_____

_____

_____

_____

# AFIRMACIONES

_____

_____

_____

_____

_____

_____

_____

_____

_____

_____

_____

_____

_____

_____

_____

_____

_____

_____

_____

_____

# SUEÑOS

_____

_____

_____

_____

_____

_____

_____

_____

# VISUALIZA

_____

_____

_____

_____

_____

_____

_____

_____

_____

_____

# ¿CUÁL ES MI PETICIÓN PARA HOY?

_____

_____

_____

# ¿QUÉ VOY A HACER HOY?

_____

_____

_____

# ¿QUIÉN QUIERO SER HOY?

_____

_____

_____

## MIS IDEAS:

_____

_____

FECHA EN QUE
TERMINÉ:        HORA:

3 for *Me*

La sabiduría de Dios es mucho más grande que la nuestra. Nos inspira a tener fe, humildad y confianza en Su plan y propósito. Incluso cuando el camino no está claro, Su presencia nos impulsa a seguir adelante. Suelta el control y confía plenamente en Su plan perfecto para tu vida.

FECHA:      DÍA:      HORA:

## Dedícate
# 3 MINUTOS

- [ ] ESTIRA TU CUERPO
- [ ] BEBE UNA BOTELLA DE AGUA
- [ ] SILENCIO
- [ ] ALABANZA
- [ ] AGRADECE
- [ ] PIDE PERDÓN
- [ ] PIDE Y CONFÍA
- [ ] AFIRMACIONES
- [ ] SUEÑOS
- [ ] VISUALIZA
- [ ] PONTE EN MOVIMIENTO

### Usa 3 minutos en cada práctica de la lista.

# ALABANZA

_____

_____

_____

_____

_____

_____

_____

_____

# AGRADECE

_____

_____

_____

_____

_____

_____

_____

_____

_____

# PIDE PERDÓN

_____

_____

_____

_____

_____

_____

_____

_____

# PIDE Y CONFÍA

_____

_____

_____

_____

_____

_____

_____

_____

# AFIRMACIONES

Confío en la sabiduría infinita de Dios

SOY OBRA MAESTRA DE DIOS

DIOS ME GUÍA CON SU SABIDURÍA INFINITA

Encuentro descanso

Un buen día en Mi vida

El amor de Dios es el lugar más seguro para mi mente ansiosa

Dios habla a mi espíritu, y yo aquieto mi mente para escucharlo

El tiempo de Dios es perfecto

en Jesus

Mi fe puede mover montañas

SOY MARAVILLOSAMENTE CREADA/O

TENGO TODAS MIS NECESIDADES COMPLETAMENTE SUPLIDAS

No tengo miedo; Dios está conmigo

TENGO IDENTIDAD DIVINA

DIOS FORTALECE MI VALENTÍA

NADA ME FALTA

Estoy en PAZ y a salvo

SOY REDIMIDO/A Y PERDONADO/A

Soy templo DEL ESPÍRITU SANTO

God's peace guards me

El Espíritu Santo transforma mi mente cada vez que me entrego enteramente en Jesus

Dios me bendice cada día con Su misericordia renovada

NUEVA/O EN CRISTO

El amor habita en mí

Soy escogida/o y parte de la realeza de Dios

DIOS ESTÁ CONMIGO

Confío plenamente en mí

MI VIDA ESTÁ GUIADA POR SABIDURÍA

SOY en calma

ME SIENTO respetada/o

Amo profundamente a la persona que soy

Mi luz es mágica y única

SOY ÚNICA/O

Mi vida forma parte de una gran historia de redención

MI ESENCIA ES EL AMOR

Mi cuerpo está sano y fuerte

Agradezco con el corazón cada bendición que recibo

Estoy en proceso de ser renovado/a

Tengo control sobre mis emociones

Mi fuerza viene de Dios

Soy una persona segura de mí misma

CREO EN MÍ

DIOS SE DELEITA EN MÍ

Jesús cargó con mis pecados y con mi sufrimiento

MI VIDA TIENE UN PROPÓSITO SAGRADO

SOY UNA CREACIÓN MAGNÍFICA

# AFIRMACIONES

---

---

---

---

---

---

---

---

---

---

---

---

---

---

---

---

---

---

---

# SUEÑOS

_____

_____

_____

_____

_____

_____

_____

_____

# VISUALIZA

_____

_____

_____

_____

_____

_____

_____

_____

_____

# ¿CUÁL ES MI PETICIÓN PARA HOY?

_____

_____

_____

# ¿QUÉ VOY A HACER HOY?

_____

_____

_____

# ¿QUIÉN QUIERO SER HOY?

_____

_____

_____

# MIS IDEAS:

_____

_____

FECHA EN QUE
TERMINÉ:          HORA:

3 for Me

Te aseguro que los planes y propósitos de Dios van mucho más allá de nuestro entendimiento. Aún cuando la vida se sienta confusa, Él nos invita a confiar en Su perspectiva más elevada. Rindamos nuestra visión limitada y pongamos nuestra fe por completo en Su guía divina, sabiendo que su camino siempre es perfecto.

FECHA: DÍA: HORA:

Dedícate
**3** MINUTOS

- [ ] ESTIRA TU CUERPO
- [ ] BEBE UNA BOTELLA DE AGUA
- [ ] SILENCIO
- [ ] ALABANZA
- [ ] AGRADECE
- [ ] PIDE PERDÓN
- [ ] PIDE Y CONFÍA
- [ ] AFIRMACIONES
- [ ] SUEÑOS
- [ ] VISUALIZA
- [ ] PONTE EN MOVIMIENTO

Usa 3 minutos en
cada práctica de la lista.

# ALABANZA

_____
_____
_____
_____
_____
_____
_____
_____

# AGRADECE

_____
_____
_____
_____
_____
_____
_____
_____

# PIDE PERDÓN

_____

_____

_____

_____

_____

_____

_____

_____

# PIDE Y CONFÍA

_____

_____

_____

_____

_____

_____

_____

# AFIRMACIONES

_____

_____

_____

_____

_____

_____

_____

_____

_____

_____

_____

_____

_____

_____

_____

_____

_____

_____

_____

_____

_____

# SUEÑOS

_____

_____

_____

_____

_____

_____

_____

_____

_____

# VISUALIZA

_____

_____

_____

_____

_____

_____

_____

_____

_____

_____

# ¿CUÁL ES MI PETICIÓN PARA HOY?

_____

_____

_____

# ¿QUÉ VOY A HACER HOY?

_____

_____

_____

# ¿QUIÉN QUIERO SER HOY?

_____

_____

_____

## MIS IDEAS:

_____

_____

FECHA EN QUE
TERMINÉ:                          HORA:

3 for Me

No te detengas. Ya sea que estés enfrentando incertidumbre, buscando claridad o anhelando dirección, confía en que las respuestas llegarán de formas que te sorprenderán y transformarán. Sigue pidiendo, sigue buscando y prepárate para las cosas increíbles que se revelarán cuando lo hagas.

FECHA:　　　　DÍA:　　　　HORA:

Dedícate
**3** MINUTOS

- [ ] ESTIRA TU CUERPO
- [ ] BEBE UNA BOTELLA DE AGUA
- [ ] SILENCIO
- [ ] ALABANZA
- [ ] AGRADECE
- [ ] PIDE PERDÓN
- [ ] PIDE Y CONFÍA
- [ ] AFIRMACIONES
- [ ] SUEÑOS
- [ ] VISUALIZA
- [ ] PONTE EN MOVIMIENTO

Usa 3 minutos en
cada práctica de la lista.

# ALABANZA

_____

_____

_____

_____

_____

_____

_____

_____

# AGRADECE

_____

_____

_____

_____

_____

_____

_____

_____

# PIDE PERDÓN

_____

_____

_____

_____

_____

_____

_____

_____

# PIDE Y CONFÍA

_____

_____

_____

_____

_____

_____

_____

_____

# AFIRMACIONES

Confío en la sabiduría infinita de Dios

SOY OBRA MAESTRA DE DIOS

DIOS ME GUÍA CON SU SABIDURÍA INFINITA

Encuentro descanso

Un buen día en

Mi vida

El amor de Dios es el lugar más seguro para mi mente ansiosa

Dios habla a mi espíritu, y yo aquieto mi mente para escucharlo

El tiempo de Dios es perfecto

en Jesús

Mi fe puede mover montañas

SOY MARAVILLOSAMENTE CREADA/O

SOY REDIMIDO/A Y PERDONADO/A

TENGO TODAS MIS NECESIDADES COMPLETAMENTE SUPLIDAS

No tengo miedo; Dios está conmigo

descansando en Jesús

TENGO IDENTIDAD DIVINA

DIOS FORTALECE MI VALENTÍA

NADA ME FALTA

Estoy en

El Espíritu Santo transforma mi mente cada vez que me entrego

Soy templo

DEL ESPÍRITU SANTO

God's peace guards me

PAZ

y a salvo

Mi paz está protegida por Dios

Dios me bendice cada día con Su misericordia renovada

NUEVA/O EN CRISTO

DIOS ESTÁ CONMIGO

El amor habita en mí

Soy escogida/o y parte de la realeza de Dios

Confío plenamente en mí

MI VIDA ESTÁ GUIADA POR SABIDURÍA

SOY en calma

respetada/o

Mi luz es mágica y única

SOY ÚNICA/O

MI ESENCIA ES EL

AMOR

Mi cuerpo está

Mi vida forma parte de una gran historia de redención

sano y fuerte

Amo profundamente a la persona que soy

DIOS SE DELEITA EN MÍ

Agradezco con el corazón cada bendición que recibo

Estoy en proceso de ser renovado/a

Tengo control sobre mis emociones

Mi fuerza viene de Dios

Soy una persona segura de mí misma

CREO EN MÍ

Jesús cargó con mis pecados y con mi sufrimiento

MI VIDA TIENE UN PROPÓSITO SAGRADO

SOY UNA CREACIÓN MAGNÍFICA

# AFIRMACIONES

_____

_____

_____

_____

_____

_____

_____

_____

_____

_____

_____

_____

_____

_____

_____

_____

_____

_____

_____

# SUEÑOS

_____

_____

_____

_____

_____

_____

_____

_____

# VISUALIZA

_____

_____

_____

_____

_____

_____

_____

_____

_____

# ¿CUÁL ES MI PETICIÓN PARA HOY?

_____

_____

_____

# ¿QUÉ VOY A HACER HOY?

_____

_____

_____

# ¿QUIÉN QUIERO SER HOY?

_____

_____

_____

## MIS IDEAS:

_____

_____

FECHA EN QUE
TERMINÉ:                    HORA:

3 for Me

Invoca tu fortaleza interior y actúa con decisión. Recuerda que, sin importar los desafíos que enfrentemos, nunca estamos solos. Dios Todopoderoso está a nuestro lado; Su presencia inquebrantable nos da poder para superar cada obstáculo y cumplir nuestro propósito divino. Avanza con confianza y determinación, confiando en que, con Dios a tu lado, el éxito siempre está al alcance.

FECHA: _____ DÍA: _____ HORA: _____

 Dedícate **3** MINUTOS

- ☐ ESTIRA TU CUERPO
- ☐ BEBE UNA BOTELLA DE AGUA
- ☐ SILENCIO
- ☐ ALABANZA
- ☐ AGRADECE
- ☐ PIDE PERDÓN
- ☐ PIDE Y CONFÍA
- ☐ AFIRMACIONES
- ☐ SUEÑOS
- ☐ VISUALIZA
- ☐ PONTE EN MOVIMIENTO

 Usa 3 minutos en
cada práctica de la lista.

# ALABANZA

_____
_____
_____
_____
_____
_____
_____
_____
_____

# AGRADECE

_____
_____
_____
_____
_____
_____
_____
_____
_____
_____

# PIDE PERDÓN

_____

_____

_____

_____

_____

_____

_____

_____

# PIDE Y CONFÍA

_____

_____

_____

_____

_____

_____

_____

_____

# AFIRMACIONES

_____

_____

_____

_____

_____

_____

_____

_____

_____

_____

_____

_____

_____

_____

_____

_____

_____

_____

_____

_____

_____

# SUEÑOS

_____
_____
_____
_____
_____
_____
_____
_____

# VISUALIZA

_____
_____
_____
_____
_____
_____
_____
_____
_____

# ¿CUÁL ES MI PETICIÓN PARA HOY?

_____

_____

# ¿QUÉ VOY A HACER HOY?

_____

_____

# ¿QUIÉN QUIERO SER HOY?

_____

_____

## MIS IDEAS:

_____

FECHA EN QUE
TERMINÉ:          HORA:

3 for Me.

No importa cuán difícil se ponga la vida, cada mañana trae un nuevo comienzo, lleno de misericordia renovada y amor inquebrantable. Las luchas o fracasos de ayer no te definen. Deja que esta verdad te llene de esperanza y fortaleza para enfrentar lo que venga.

Levántate, reconstruye y avanza con valentía y confianza. Siempre tienes la oportunidad de volver a empezar.

FECHA:      DÍA:      HORA:

Dedícate
# 3 MINUTOS

- [ ] ESTIRA TU CUERPO
- [ ] BEBE UNA BOTELLA DE AGUA
- [ ] SILENCIO
- [ ] ALABANZA
- [ ] AGRADECE
- [ ] PIDE PERDÓN
- [ ] PIDE Y CONFÍA
- [ ] AFIRMACIONES
- [ ] SUEÑOS
- [ ] VISUALIZA
- [ ] PONTE EN MOVIMIENTO

Usa 3 minutos en
cada práctica de la lista.

# ALABANZA

_____

_____

_____

_____

_____

_____

_____

_____

# AGRADECE

_____

_____

_____

_____

_____

_____

_____

_____

_____

# PIDE PERDÓN

_____

_____

_____

_____

_____

_____

_____

_____

# PIDE Y CONFÍA

_____

_____

_____

_____

_____

_____

_____

_____

# AFIRMACIONES

Confío en la sabiduría infinita de Dios

SOY OBRA MAESTRA DE DIOS

DIOS ME GUÍA CON SU SABIDURÍA INFINITA

Encuentro descanso

Un buen día en

El amor de Dios es el lugar más seguro para mi mente ansiosa

Mi vida

Dios habla a mi espíritu, y yo aquieto mi mente para escucharlo

El tiempo de Dios es perfecto

en Jesus

Mi fe puede mover montañas

SOY MARAVILLOSAMENTE CREADA/O

TENGO TODAS MIS NECESIDADES COMPLETAMENTE SUPLIDAS

No tengo miedo; Dios está conmigo

SOY REDIMIDO/A Y PERDONADO/A

descansando en Jesús

El Espíritu Santo transforma mi mente cada vez que me entrego

TENGO IDENTIDAD DIVINA

DIOS FORTALECE MI VALENTÍA

NADA ME FALTA

Estoy en

Soy templo

DEL ESPÍRITU SANTO

God's peace guards me

PAZ

y a salvo

Amo profundamente a la persona que soy

Mi prioridad es mi paz con Dios

Dios me bendice cada día con Su misericordia renovada

NUEVA/O EN CRISTO

Estoy en proceso de ser renovado/a

DIOS ESTÁ CONMIGO

El amor habita en mí

Soy escogida/o y parte de la realeza de Dios

Confío plenamente en mí

ME SIENTO

MI VIDA ESTÁ GUIADA POR SABIDURÍA

SOY

en calma

Mi luz es mágica y única

SOY ÚNICA/O

respetada/o

Mi cuerpo está

Mi vida forma parte de una gran historia de redención

MI ESENCIA ES EL

AMOR

DIOS SE DELEITA EN MÍ

sano y fuerte

Agradezco con el corazón cada bendición que recibo

Mi fuerza viene de Dios

Tengo control sobre mis emociones

Soy una persona segura de mí misma

CREO EN MÍ

Jesús cargó con mis pecados y con mi sufrimiento

MI VIDA TIENE UN PROPÓSITO SAGRADO

SOY UNA CREACIÓN MAGNÍFICA

# AFIRMACIONES

_____

_____

_____

_____

_____

_____

_____

_____

_____

_____

_____

_____

_____

_____

_____

_____

_____

_____

_____

# SUEÑOS

_____

_____

_____

_____

_____

_____

_____

_____

# VISUALIZA

_____

_____

_____

_____

_____

_____

_____

_____

_____

_____

# ¿CUÁL ES MI PETICIÓN PARA HOY?

_____

_____

_____

## ¿QUÉ VOY A HACER HOY?

_____

_____

_____

## ¿QUIÉN QUIERO SER HOY?

_____

_____

_____

## MIS IDEAS:

_____

_____

FECHA EN QUE
TERMINÉ:                    HORA:

El amor, el conocimiento y el propósito de
Dios para tu vida son inconmensurables.
Recuerda: no eres un ser al azar, sino una
obra maestra, creada por Él con intención
divina, profundamente
conocida y amada por tu Creador.
Desde el mismo momento de tu
concepción, Dios ha estado involucrado
en cada detalle de tu existencia,
moldeando tu camino
con amor, intención y cuidado.

FECHA: DÍA: HORA:

## Dedícate
## 3 MINUTOS

- [ ] ESTIRA TU CUERPO
- [ ] BEBE UNA BOTELLA DE AGUA
- [ ] SILENCIO
- [ ] ALABANZA
- [ ] AGRADECE
- [ ] PIDE PERDÓN
- [ ] PIDE Y CONFÍA
- [ ] AFIRMACIONES
- [ ] SUEÑOS
- [ ] VISUALIZA
- [ ] PONTE EN MOVIMIENTO

### Usa 3 minutos en
### cada práctica de la lista.

# ALABANZA

_____

_____

_____

_____

_____

_____

_____

_____

# AGRADECE

_____

_____

_____

_____

_____

_____

_____

_____

_____

# PIDE PERDÓN

_____

_____

_____

_____

_____

_____

_____

_____

# PIDE Y CONFÍA

_____

_____

_____

_____

_____

_____

_____

_____

# AFIRMACIONES

_____

_____

_____

_____

_____

_____

_____

_____

_____

_____

_____

_____

_____

_____

_____

_____

_____

_____

_____

_____

_____

# SUEÑOS

_____
_____
_____
_____
_____
_____
_____
_____

# VISUALIZA

_____
_____
_____
_____
_____
_____
_____
_____
_____

# ¿CUÁL ES MI PETICIÓN PARA HOY?

_____

_____

_____

# ¿QUÉ VOY A HACER HOY?

_____

_____

_____

# ¿QUIÉN QUIERO SER HOY?

_____

_____

_____

# MIS IDEAS:

_____

_____

FECHA EN QUE
TERMINÉ:                    HORA:

En los momentos más difíciles de la vida, recuerda que las pruebas y dificultades no son necesariamente señales de la ausencia de Dios o de injusticia. Al contrario, pueden ser oportunidades para profundizar tu dependencia de Él. Confía en el plan de Dios, incluso cuando esté más allá de tu comprensión, y hónralo con tus palabras y acciones, sin importar las circunstancias. Aférrate a tu fe, sabiendo que Su sabiduría infinita y Su amor inagotable están guiando todas las cosas.

FECHA:      DÍA:      HORA:

Dedícate
**3** MINUTOS

- [ ] ESTIRA TU CUERPO
- [ ] BEBE UNA BOTELLA DE AGUA
- [ ] SILENCIO
- [ ] ALABANZA
- [ ] AGRADECE
- [ ] PIDE PERDÓN
- [ ] PIDE Y CONFÍA
- [ ] AFIRMACIONES
- [ ] SUEÑOS
- [ ] VISUALIZA
- [ ] PONTE EN MOVIMIENTO

Usa 3 minutos en
cada práctica de la lista.

# ALABANZA

_____

_____

_____

_____

_____

_____

_____

_____

# AGRADECE

_____

_____

_____

_____

_____

_____

_____

_____

_____

# PIDE PERDÓN

_____

_____

_____

_____

_____

_____

_____

_____

# PIDE Y CONFÍA

_____

_____

_____

_____

_____

_____

_____

_____

# AFIRMACIONES

_____

_____

_____

_____

_____

_____

_____

_____

_____

_____

_____

_____

_____

_____

_____

_____

_____

_____

_____

_____

_____

# SUEÑOS

---
---
---
---
---
---
---
---

# VISUALIZA

---
---
---
---
---
---
---
---

# ¿CUÁL ES MI PETICIÓN PARA HOY?

_____

_____

_____

# ¿QUÉ VOY A HACER HOY?

_____

_____

_____

# ¿QUIÉN QUIERO SER HOY?

_____

_____

_____

## MIS IDEAS:

_____

_____

FECHA EN QUE
TERMINÉ:                    HORA:

3 for Me

Que el día de hoy te inspire a caminar con valentía, con la certeza de que eres profundamente amado, eternamente justificado y sostenido con seguridad por la gracia de Dios. No importa cuán roto o distante te sientas, recuerda esto: el amor de Dios va más allá de cualquier barrera, redime por completo y renueva tu vida con propósito y una esperanza inquebrantable.

FECHA: DÍA: HORA:

 Dedícate
**3** MINUTOS

- [ ] ESTIRA TU CUERPO
- [ ] BEBE UNA BOTELLA DE AGUA
- [ ] SILENCIO
- [ ] ALABANZA
- [ ] AGRADECE
- [ ] PIDE PERDÓN
- [ ] PIDE Y CONFÍA
- [ ] AFIRMACIONES
- [ ] SUEÑOS
- [ ] VISUALIZA
- [ ] PONTE EN MOVIMIENTO

 Usa 3 minutos en
cada práctica de la lista.

# ALABANZA

_____
_____
_____
_____
_____
_____
_____
_____
_____

# AGRADECE

_____
_____
_____
_____
_____
_____
_____
_____
_____
_____

# PIDE PERDÓN

_____

_____

_____

_____

_____

_____

_____

_____

# PIDE Y CONFÍA

_____

_____

_____

_____

_____

_____

_____

_____

# AFIRMACIONES

Confío en la sabiduría infinita de Dios

SOY OBRA MAESTRA DE DIOS

DIOS ME GUÍA CON SU SABIDURÍA INFINITA

Encuentro descanso

Un buen día en Mi vida

El amor de Dios es el lugar más seguro para mi mente ansiosa

Dios habla a mi espíritu, y yo aquieto mi mente para escucharlo

El tiempo de Dios es perfecto

en Jesús Mi fe puede mover montañas

SOY MARAVILLOSAMENTE CREADA/O

SOY REDIMIDO/A Y PERDONADO/A

TENGO TODAS MIS NECESIDADES COMPLETAMENTE SUPLIDAS

No tengo miedo; Dios está conmigo

Esperando en Jesús

TENGO IDENTIDAD DIVINA

DIOS FORTALECE MI VALENTÍA

NADA ME FALTA Estoy en

Soy templo DEL ESPÍRITU SANTO

God's peace guards me

PAZ y a salvo

El Espíritu Santo transforma mi mente cada vez que me entrego

Dios me bendice cada día con Su misericordia renovada

El amor habita en mí

NUEVA/O EN CRISTO

DIOS ESTÁ CONMIGO

Soy escogida/o y parte de la realeza de Dios

Confío plenamente en mí

ME SIENTO en calma

SOY

respetada/o

Amo profundamente a la persona que soy

Estoy en proceso de ser renovado/a

Mi luz es mágica y única

SOY ÚNICA/O

Mi cuerpo está sano y fuerte

Mi vida forma parte de una gran historia de redención

MI ESENCIA ES EL AMOR

DIOS SE DELEITA EN MÍ

Agradezco con el corazón cada bendición que recibo

Tengo control sobre mis emociones

Mi fuerza viene de Dios

Soy una persona segura de mí misma

CREO EN MÍ

Jesús cargó con mis pecados y con mi sufrimiento

MI VIDA TIENE UN PROPÓSITO SAGRADO

SOY UNA CREACIÓN MAGNÍFICA

# AFIRMACIONES

_____

_____

_____

_____

_____

_____

_____

_____

_____

_____

_____

_____

_____

_____

_____

_____

_____

_____

_____

_____

# SUEÑOS

---
---
---
---
---
---
---
---

# VISUALIZA

---
---
---
---
---
---
---
---

# ¿CUÁL ES MI PETICIÓN PARA HOY?

_____

_____

_____

# ¿QUÉ VOY A HACER HOY?

_____

_____

_____

# ¿QUIÉN QUIERO SER HOY?

_____

_____

_____

# MIS IDEAS:

_____

_____

FECHA EN QUE
TERMINÉ:                    HORA:

3 for *Me*

El Creador del universo ha elegido habitar entre nosotros, llenando nuestras vidas de propósito divino y un significado extraordinario. Esta verdad nos inspira a romper con la mediocridad, buscar la justicia y cultivar la unidad y el amor dentro de nuestras comunidades.

FECHA: DÍA: HORA:

 Dedícate
**3** MINUTOS

- [ ] ESTIRA TU CUERPO
- [ ] BEBE UNA BOTELLA DE AGUA
- [ ] SILENCIO
- [ ] ALABANZA
- [ ] AGRADECE
- [ ] PIDE PERDÓN
- [ ] PIDE Y CONFÍA
- [ ] AFIRMACIONES
- [ ] SUEÑOS
- [ ] VISUALIZA
- [ ] PONTE EN MOVIMIENTO

 Usa 3 minutos en
cada práctica de la lista.

# ALABANZA

_____

_____

_____

_____

_____

_____

_____

_____

# AGRADECE

_____

_____

_____

_____

_____

_____

_____

_____

_____

# PIDE PERDÓN

_____

_____

_____

_____

_____

_____

_____

_____

# PIDE Y CONFÍA

_____

_____

_____

_____

_____

_____

_____

_____

_____

_____

# AFIRMACIONES

_____

_____

_____

_____

_____

_____

_____

_____

_____

_____

_____

_____

_____

_____

_____

_____

_____

_____

_____

_____

# SUEÑOS

---

---

---

---

---

---

---

---

---

# VISUALIZA

---

---

---

---

---

---

---

---

---

---

# ¿CUÁL ES MI PETICIÓN PARA HOY?

_____

_____

_____

# ¿QUÉ VOY A HACER HOY?

_____

_____

_____

# ¿QUIÉN QUIERO SER HOY?

_____

_____

_____

## MIS IDEAS:

_____

_____

FECHA EN QUE
TERMINÉ:                          HORA:

3 for Me.

Ya no estás definido por tus errores del pasado, tus miedos ni tus limitaciones. Eres hijo de un amor divino y con un propósito eterno. Como heredero, tienes acceso a todo lo que necesitas para vivir una vida plena y con sentido. Eres libre, valioso y completamente equipado para entrar en la vida abundante que fue diseñada para ti. Nunca lo olvides: eres profundamente amado y estás destinado a la grandeza.

FECHA:      DÍA:      HORA:

Dedícate
**3** MINUTOS

- [ ] ESTIRA TU CUERPO
- [ ] BEBE UNA BOTELLA DE AGUA
- [ ] SILENCIO
- [ ] ALABANZA
- [ ] AGRADECE
- [ ] PIDE PERDÓN
- [ ] PIDE Y CONFÍA
- [ ] AFIRMACIONES
- [ ] SUEÑOS
- [ ] VISUALIZA
- [ ] PONTE EN MOVIMIENTO

Usa 3 minutos en
cada práctica de la lista.

# ALABANZA

_____

_____

_____

_____

_____

_____

_____

_____

# AGRADECE

_____

_____

_____

_____

_____

_____

_____

_____

# PIDE PERDÓN

_____

_____

_____

_____

_____

_____

_____

_____

# PIDE Y CONFÍA

_____

_____

_____

_____

_____

_____

_____

_____

# AFIRMACIONES

Confío en la sabiduría infinita de Dios

SOY OBRA MAESTRA DE DIOS

DIOS ME GUÍA CON SU SABIDURÍA INFINITA

Encuentro descanso

Un buen día en Mi vida

El amor de Dios es el lugar más seguro para mi mente ansiosa

Dios habla a mi espíritu, y yo aquieto mi mente para escucharlo

El tiempo de Dios es perfecto

en Jesús Mi fe puede mover montañas

SOY MARAVILLOSAMENTE CREADA/O

TENGO TODAS MIS NECESIDADES COMPLETAMENTE SUPLIDAS

SOY REDIMIDO/A Y PERDONADO/A

No tengo miedo; Dios está conmigo

descansando en Jesús

El Espíritu Santo transforma mi mente cada vez que me entrego

TENGO IDENTIDAD DIVINA

DIOS FORTALECE MI VALENTÍA

NADA ME FALTA Estoy en

Soy templo DEL ESPÍRITU SANTO

God's peace guards me

PAZ y a salvo

Amo profundamente a la persona que soy

Dios me bendice cada día con Su misericordia renovada

NUEVA/O EN CRISTO

DIOS ESTÁ CONMIGO

El amor habita en mí

Soy escogida/o y parte de la realeza de Dios

Confío plenamente en mí

ME SIENTO en calma

MI VIDA ESTÁ GUIADA POR SABIDURÍA

SOY respetada/o

Estoy en proceso de ser renovado/a

Mi luz es mágica y única

SOY ÚNICA/O

Mi cuerpo está sano y fuerte

Mi vida forma parte de una gran historia de redención

MI ESENCIA ES EL AMOR

DIOS SE DELEITA EN MÍ

Agradezco con el corazón cada bendición que recibo

Tengo control sobre mis emociones

Mi fuerza viene de Dios

Soy una persona segura de mí misma

CREO EN MÍ

Jesús cargó con mis pecados y con mi sufrimiento

MI VIDA TIENE UN PROPÓSITO SAGRADO

SOY UNA CREACIÓN MAGNÍFICA

# AFIRMACIONES

---

---

---

---

---

---

---

---

---

---

---

---

---

---

---

---

---

---

---

---

---

# SUEÑOS

_____
_____
_____
_____
_____
_____
_____
_____
_____

# VISUALIZA

_____
_____
_____
_____
_____
_____
_____
_____
_____
_____

# ¿CUÁL ES MI PETICIÓN PARA HOY?

_____

_____

_____

# ¿QUÉ VOY A HACER HOY?

_____

_____

_____

# ¿QUIÉN QUIERO SER HOY?

_____

_____

_____

## MIS IDEAS:

_____

_____

FECHA EN QUE
TERMINÉ:                    HORA:

3 for
*Me*

Permite que tu fuerza y tu energía te impulsen hacia propósitos significativos que construyan una base firme para tu futuro. Mientras sigues creciendo, abraza la sabiduría y la perspectiva que has adquirido; tu experiencia de vida es un tesoro invaluable, destinado a guiar e inspirar a quienes te rodean.

FECHA:      DÍA:      HORA:

Dedícate
**3** MINUTOS

- ☐ ESTIRA TU CUERPO
- ☐ BEBE UNA BOTELLA DE AGUA
- ☐ SILENCIO
- ☐ ALABANZA
- ☐ AGRADECE
- ☐ PIDE PERDÓN
- ☐ PIDE Y CONFÍA
- ☐ AFIRMACIONES
- ☐ SUEÑOS
- ☐ VISUALIZA
- ☐ PONTE EN MOVIMIENTO

Usa 3 minutos en
cada práctica de la lista.

# ALABANZA

_____

_____

_____

_____

_____

_____

_____

_____

# AGRADECE

_____

_____

_____

_____

_____

_____

_____

_____

_____

# PIDE PERDÓN

_____

_____

_____

_____

_____

_____

_____

_____

# PIDE Y CONFÍA

_____

_____

_____

_____

_____

_____

_____

_____

# AFIRMACIONES

Confío en la sabiduría infinita de Dios

SOY OBRA MAESTRA DE DIOS

DIOS ME GUÍA CON SU SABIDURÍA INFINITA

Encuentro descanso

Un buen día en

Mi vida

El amor de Dios es el lugar más seguro para mi mente ansiosa

Dios habla a mi espíritu, y yo aquieto mi mente para escucharlo

El tiempo de Dios es perfecto

en Jesus

Mi fe puede mover montañas

SOY MARAVILLOSAMENTE CREADA/O

SOY REDIMIDO/A Y PERDONADO/A

TENGO TODAS MIS NECESIDADES COMPLETAMENTE SUPLIDAS

derramando en Jesus

No tengo miedo; Dios está conmigo

TENGO IDENTIDAD DIVINA

DIOS FORTALECE

MI VALENTÍA

NADA ME FALTA

Estoy en

Soy templo

DEL ESPÍRITU SANTO

God's peace guards me

PAZ

y a salvo

Dios me bendice cada día con Su misericordia renovada

NUEVA/O EN CRISTO

DIOS ESTÁ CONMIGO

El amor habita en mí

Soy escogida/o y parte de la realeza de Dios

Confío plenamente en mí

ME SIENTO

SOY

en calma

MI VIDA ESTÁ GUIADA POR SABIDURÍA

respetada/o

Mi luz es mágica y única

SOY ÚNICA/O

Mi cuerpo está

Mi vida forma parte de una gran historia de redención

MI ESENCIA ES EL

AMOR

sano y fuerte

Agradezco con el corazón cada bendición que recibo

Tengo control sobre mis emociones

Mi fuerza viene de Dios

Soy una persona segura de mí misma

CREO EN MÍ

El Espíritu Santo transforma mi mente cada vez que me entrego

Amo profundamente a la persona que soy

DIOS SE DELEITA EN MÍ

Estoy en proceso de ser renovado/a

Jesús cargó con mis pecados y con mi sufrimiento

MI VIDA TIENE UN PROPÓSITO SAGRADO

SOY UNA CREACIÓN MAGNÍFICA

# AFIRMACIONES

---

---

---

---

---

---

---

---

---

---

---

---

---

---

---

---

---

---

---

# SUEÑOS

_____

_____

_____

_____

_____

_____

_____

_____

# VISUALIZA

_____

_____

_____

_____

_____

_____

_____

_____

# ¿CUÁL ES MI PETICIÓN PARA HOY?

_____

_____

_____

# ¿QUÉ VOY A HACER HOY?

_____

_____

_____

# ¿QUIÉN QUIERO SER HOY?

_____

_____

_____

# MIS IDEAS:

_____

_____

FECHA EN QUE
TERMINÉ:                    HORA:

3 for *Me*

No importa cuán rotos o distantes podamos sentirnos, existe un poder profundo capaz de renovarnos y transformarnos. No se trata solo de reparar lo que está dañado, sino de hacernos completamente nuevos, dándonos la capacidad de amar, perdonar y vivir con un propósito verdadero.

FECHA:        DÍA:        HORA:

### Dedícate
# 3 MINUTOS

- [ ] ESTIRA TU CUERPO
- [ ] BEBE UNA BOTELLA DE AGUA
- [ ] SILENCIO
- [ ] ALABANZA
- [ ] AGRADECE
- [ ] PIDE PERDÓN
- [ ] PIDE Y CONFÍA
- [ ] AFIRMACIONES
- [ ] SUEÑOS
- [ ] VISUALIZA
- [ ] PONTE EN MOVIMIENTO

Usa 3 minutos en
cada práctica de la lista.

# ALABANZA

_____
_____
_____
_____
_____
_____
_____
_____

# AGRADECE

_____
_____
_____
_____
_____
_____
_____
_____
_____
_____

# PIDE PERDÓN

_____
_____
_____
_____
_____
_____
_____
_____

# PIDE Y CONFÍA

_____
_____
_____
_____
_____
_____
_____
_____

# AFIRMACIONES

_____

_____

_____

_____

_____

_____

_____

_____

_____

_____

_____

_____

_____

_____

_____

_____

_____

_____

_____

# SUEÑOS

_____

_____

_____

_____

_____

_____

_____

_____

# VISUALIZA

_____

_____

_____

_____

_____

_____

_____

_____

_____

_____

# ¿CUÁL ES MI PETICIÓN PARA HOY?

_____

_____

_____

## ¿QUÉ VOY A HACER HOY?

_____

_____

_____

## ¿QUIÉN QUIERO SER HOY?

_____

_____

_____

## MIS IDEAS:

_____

_____

FECHA EN QUE
TERMINÉ:                    HORA:

3 for *Me*

Esta transformación no es solo para tu propio crecimiento; también es un testimonio para otros de los cambios extraordinarios que pueden ocurrir en una vida abierta a la renovación. Abraza esta promesa y da el paso hacia la novedad que te espera.

FECHA:      DÍA:      HORA:

Dedícate
**3** MINUTOS

- [ ] ESTIRA TU CUERPO
- [ ] BEBE UNA BOTELLA DE AGUA
- [ ] SILENCIO
- [ ] ALABANZA
- [ ] AGRADECE
- [ ] PIDE PERDÓN
- [ ] PIDE Y CONFÍA
- [ ] AFIRMACIONES
- [ ] SUEÑOS
- [ ] VISUALIZA
- [ ] PONTE EN MOVIMIENTO

Usa 3 minutos en
cada práctica de la lista.

# ALABANZA

_____

_____

_____

_____

_____

_____

_____

_____

# AGRADECE

_____

_____

_____

_____

_____

_____

_____

_____

_____

# PIDE PERDÓN

_____

_____

_____

_____

_____

_____

_____

# PIDE Y CONFÍA

_____

_____

_____

_____

_____

_____

_____

# AFIRMACIONES

_____

_____

_____

_____

_____

_____

_____

_____

_____

_____

_____

_____

_____

_____

_____

_____

_____

_____

_____

# SUEÑOS

_____

_____

_____

_____

_____

_____

_____

_____

# VISUALIZA

_____

_____

_____

_____

_____

_____

_____

_____

# ¿CUÁL ES MI PETICIÓN PARA HOY?

_____

_____

_____

# ¿QUÉ VOY A HACER HOY?

_____

_____

_____

# ¿QUIÉN QUIERO SER HOY?

_____

_____

_____

## MIS IDEAS:

_____

_____

FECHA EN QUE
TERMINÉ:                          HORA:

3 for
*Me*

Mantente firme, con la seguridad de que la promesa de transformación y propósito está justo ahí, esperándote para que la abraces. Deja que esta verdad te inspire a compartirla con otros, porque, sin importar los desafíos o incertidumbres que enfrentemos, hay claridad y paz cuando nos aferramos a lo que no se tambalea. Aférrate con fuerza a esta promesa. Deja que guíe tu corazón hacia una vida llena de valentía, plenitud y un propósito que nunca se desvanece. Tú puedes. Y no estás caminando este camino solo.

FECHA:          DÍA:          HORA:

Dedícate
**3** MINUTOS

- [ ] ESTIRA TU CUERPO
- [ ] BEBE UNA BOTELLA DE AGUA
- [ ] SILENCIO
- [ ] ALABANZA
- [ ] AGRADECE
- [ ] PIDE PERDÓN
- [ ] PIDE Y CONFÍA
- [ ] AFIRMACIONES
- [ ] SUEÑOS
- [ ] VISUALIZA
- [ ] PONTE EN MOVIMIENTO

Usa 3 minutos en
cada práctica de la lista.

# ALABANZA

_____

_____

_____

_____

_____

_____

_____

_____

# AGRADECE

_____

_____

_____

_____

_____

_____

_____

_____

_____

# PIDE PERDÓN

_____

_____

_____

_____

_____

_____

_____

_____

# PIDE Y CONFÍA

_____

_____

_____

_____

_____

_____

_____

_____

_____

# AFIRMACIONES

_____

_____

_____

_____

_____

_____

_____

_____

_____

_____

_____

_____

_____

_____

_____

_____

_____

_____

_____

_____

_____

_____

# SUEÑOS

_____

_____

_____

_____

_____

_____

_____

_____

# VISUALIZA

_____

_____

_____

_____

_____

_____

_____

_____

_____

_____

# ¿CUÁL ES MI PETICIÓN PARA HOY?

_____

_____

_____

# ¿QUÉ VOY A HACER HOY?

_____

_____

_____

# ¿QUIÉN QUIERO SER HOY?

_____

_____

_____

## MIS IDEAS:

_____

FECHA EN QUE
TERMINÉ: _____  HORA: _____

3 for *Me.*

Mantente perseverante y ten fe en el proceso, porque te llevará hacia la claridad, los recursos y los caminos que estás buscando. Sigue avanzando; cada paso que das te acerca a eso que has estado pidiendo, buscando y tocando puertas para alcanzar. No te rindas; aquello por lo que estás luchando está más cerca de lo que crees.

FECHA:      DÍA:      HORA:

Dedícate
**3** MINUTOS

- [ ] ESTIRA TU CUERPO
- [ ] BEBE UNA BOTELLA DE AGUA
- [ ] SILENCIO
- [ ] ALABANZA
- [ ] AGRADECE
- [ ] PIDE PERDÓN
- [ ] PIDE Y CONFÍA
- [ ] AFIRMACIONES
- [ ] SUEÑOS
- [ ] VISUALIZA
- [ ] PONTE EN MOVIMIENTO

Usa 3 minutos en
cada práctica de la lista.

# ALABANZA

_____
_____
_____
_____
_____
_____
_____
_____

# AGRADECE

_____
_____
_____
_____
_____
_____
_____
_____

# PIDE PERDÓN

_____

_____

_____

_____

_____

_____

_____

_____

# PIDE Y CONFÍA

_____

_____

_____

_____

_____

_____

_____

_____

# AFIRMACIONES

SOY OBRA MAESTRA DE DIOS

Confío en la sabiduría infinita de Dios

Encuentro descanso

DIOS ME GUÍA CON SU SABIDURÍA INFINITA

Un buen día en Mi vida

El amor de Dios es el lugar más seguro para mi mente ansiosa

Dios habla a mi espíritu, y yo aquieto mi mente para escucharlo

El tiempo de Dios es perfecto

en Jesús Mi fe puede mover montañas

SOY MARAVILLOSAMENTE CREADA/O

TENGO TODAS MIS NECESIDADES COMPLETAMENTE SUPLIDAS

No tengo miedo; Dios está conmigo

derramado en Jesús

TENGO IDENTIDAD DIVINA

SOY REDIMIDO/A Y PERDONADO/A

DIOS FORTALECE MI VALENTÍA

NADA ME FALTA Estoy en

Soy templo DEL ESPÍRITU SANTO

God's peace guards me

PAZ y a salvo

El Espíritu Santo transforma mi mente cada vez que me entrego

Dios me bendice cada día con Su misericordia renovada

NUEVA/O EN CRISTO

DIOS ESTÁ CONMIGO

El amor habita en mí

Soy escogida/o y parte de la realeza de Dios

Confío plenamente en mí

ME SIENTO en calma

SOY

respetada/o

MI VIDA ESTÁ GUIADA POR SABIDURÍA

Mi luz es mágica y única

SOY ÚNICA/O

Mi cuerpo está sano y fuerte

Mi vida forma parte de una gran historia de redención

MI ESENCIA ES EL AMOR

Amo profundamente a la persona que soy

Agradezco con el corazón cada bendición que recibo

Tengo control sobre mis emociones

Mi tiempo tiene de Dios

Soy una persona segura de mí misma

CREO EN MÍ

Estoy en proceso de ser renovado/a

DIOS SE DELEITA EN MÍ

Jesús cargó con mis pecados y con mi sufrimiento

MI VIDA TIENE UN PROPÓSITO SAGRADO

SOY UNA CREACIÓN MAGNÍFICA

# AFIRMACIONES

---

---

---

---

---

---

---

---

---

---

---

---

---

---

---

---

---

---

# SUEÑOS

_____

_____

_____

_____

_____

_____

_____

_____

# VISUALIZA

_____

_____

_____

_____

_____

_____

_____

_____

# ¿CUÁL ES MI PETICIÓN PARA HOY?

_____

_____

_____

# ¿QUÉ VOY A HACER HOY?

_____

_____

_____

# ¿QUIÉN QUIERO SER HOY?

_____

_____

_____

## MIS IDEAS:

_____

_____

FECHA EN QUE
TERMINÉ:        HORA:

3 for *Me*

Toma decisiones valientes en tu vida. No dudes en pedir lo que necesitas, en buscar respuestas a tus preguntas o en tocar las puertas de las oportunidades. Créeme, el esfuerzo que estás haciendo no será en vano: lo que estás buscando será revelado, y las puertas a las que llamas se abrirán en el momento justo. Sigue adelante; tu avance ya está aquí.

FECHA:      DÍA:      HORA:

Dedícate
**3** MINUTOS

- ☐ ESTIRA TU CUERPO
- ☐ BEBE UNA BOTELLA DE AGUA
- ☐ SILENCIO
- ☐ ALABANZA
- ☐ AGRADECE
- ☐ PIDE PERDÓN
- ☐ PIDE Y CONFÍA
- ☐ AFIRMACIONES
- ☐ SUEÑOS
- ☐ VISUALIZA
- ☐ PONTE EN MOVIMIENTO

Usa 3 minutos en
cada práctica de la lista.

# ALABANZA

_____
_____
_____
_____
_____
_____
_____
_____

# AGRADECE

_____
_____
_____
_____
_____
_____
_____
_____
_____

# PIDE PERDÓN

_____

_____

_____

_____

_____

_____

_____

_____

# PIDE Y CONFÍA

_____

_____

_____

_____

_____

_____

_____

_____

# AFIRMACIONES

_____

_____

_____

_____

_____

_____

_____

_____

_____

_____

_____

_____

_____

_____

_____

_____

_____

_____

_____

_____

# SUEÑOS

_____

_____

_____

_____

_____

_____

_____

_____

_____

# VISUALIZA

_____

_____

_____

_____

_____

_____

_____

_____

_____

# ¿CUÁL ES MI PETICIÓN PARA HOY?

_____

_____

_____

# ¿QUÉ VOY A HACER HOY?

_____

_____

_____

# ¿QUIÉN QUIERO SER HOY?

_____

_____

_____

## MIS IDEAS:

_____

_____

FECHA EN QUE
TERMINÉ: _____ HORA: _____

**3 for Me**

La acción unida a la fe crea un impulso poderoso en nuestra vida. No permitas que el miedo o la duda te detengan al pedir o buscar lo que necesitas. Cuando enfrentas la vida con propósito y determinación, las respuestas y oportunidades que estás buscando llegarán. Sigue avanzando: estás más cerca de lo que imaginas.

FECHA:                DÍA:              HORA:

 Dedícate
**3** MINUTOS

- [ ] ESTIRA TU CUERPO
- [ ] BEBE UNA BOTELLA DE AGUA
- [ ] SILENCIO
- [ ] ALABANZA
- [ ] AGRADECE
- [ ] PIDE PERDÓN
- [ ] PIDE Y CONFÍA
- [ ] AFIRMACIONES
- [ ] SUEÑOS
- [ ] VISUALIZA
- [ ] PONTE EN MOVIMIENTO

 Usa 3 minutos en
cada práctica de la lista.

# ALABANZA

_____

_____

_____

_____

_____

_____

_____

_____

# AGRADECE

_____

_____

_____

_____

_____

_____

_____

_____

_____

# PIDE PERDÓN

_____

_____

_____

_____

_____

_____

_____

_____

# PIDE Y CONFÍA

_____

_____

_____

_____

_____

_____

_____

_____

# AFIRMACIONES

Confío en la sabiduría infinita de Dios

SOY OBRA MAESTRA DE DIOS

DIOS ME GUÍA CON SU SABIDURÍA INFINITA

Encuentro descanso

Un buen día en Mi vida

El amor de Dios es el lugar más seguro para mi mente ansiosa

Dios habla a mi espíritu, y yo aquieto mi mente para escucharlo

El tiempo de Dios es perfecto

en Jesus Mi fe puede mover montañas

SOY MARAVILLOSAMENTE CREADA/O

TENGO TODAS MIS NECESIDADES COMPLETAMENTE SUPLIDAS

No tengo miedo; Dios está conmigo

El Espíritu Santo transforma mi mente cada vez que me entrego en Jesús

SOY REDIMIDO/A Y PERDONADO/A

TENGO IDENTIDAD DIVINA

DIOS FORTALECE MI VALENTÍA

NADA ME FALTA Estoy en

Soy templo DEL ESPÍRITU SANTO

God's peace guards me PAZ y a salvo

Mi promesa del es presente y seguro

Dios me bendice cada día con Su misericordia renovada

El amor habita en mí

NUEVA/O EN CRISTO

DIOS ESTÁ CONMIGO

Soy escogida/o y parte de la realeza de Dios

Estoy en proceso de ser renovado/a

Amo profundamente a la persona que soy

Confío plenamente en mí

ME SIENTO en calma

MI VIDA ESTÁ GUIADA POR SABIDURÍA

SOY

respetada/o

Mi luz es mágica y única

SOY ÚNICA/O

Mi cuerpo está sano y fuerte

Mi vida forma parte de una gran historia de redención

MI ESENCIA ES EL

AMOR

DIOS SE DELEITA EN MÍ

Agradezco con el corazón cada bendición que recibo

Tengo control sobre mis emociones

Mi fuerza viene de Dios

Soy una persona segura de mí misma

CREO EN MÍ

Jesús cargó con mis pecados y con mi sufrimiento

MI VIDA TIENE UN PROPÓSITO SAGRADO

SOY UNA CREACIÓN MAGNÍFICA

# AFIRMACIONES

---

---

---

---

---

---

---

---

---

---

---

---

---

---

---

---

---

---

---

---

---

# SUEÑOS

_____

_____

_____

_____

_____

_____

_____

_____

# VISUALIZA

_____

_____

_____

_____

_____

_____

_____

_____

_____

# ¿CUÁL ES MI PETICIÓN PARA HOY?

_____

_____

_____

# ¿QUÉ VOY A HACER HOY?

_____

_____

_____

# ¿QUIÉN QUIERO SER HOY?

_____

_____

_____

## MIS IDEAS:

_____

FECHA EN QUE
TERMINÉ:                    HORA:

3 for *Me*

Permíteme animarte a vivir con valentía: no te conformes con menos y no te detengas. Da un paso al frente con confianza, sabiendo que cada gota de energía que pongas en tus sueños y anhelos volverá a ti de maneras poderosas y transformadoras.

FECHA: DÍA: HORA:

### Dedícate
# 3 MINUTOS

- [ ] ESTIRA TU CUERPO
- [ ] BEBE UNA BOTELLA DE AGUA
- [ ] SILENCIO
- [ ] ALABANZA
- [ ] AGRADECE
- [ ] PIDE PERDÓN
- [ ] PIDE Y CONFÍA
- [ ] AFIRMACIONES
- [ ] SUEÑOS
- [ ] VISUALIZA
- [ ] PONTE EN MOVIMIENTO

### Usa 3 minutos en
### cada práctica de la lista.

# ALABANZA

_____

_____

_____

_____

_____

_____

_____

_____

# AGRADECE

_____

_____

_____

_____

_____

_____

_____

_____

_____

# PIDE PERDÓN

_____

_____

_____

_____

_____

_____

_____

_____

# PIDE Y CONFÍA

_____

_____

_____

_____

_____

_____

_____

_____

_____

AFIRMACIONES

SOY OBRA MAESTRA DE DIOS

Confío en la sabiduría infinita de Dios

Encuentro descanso

Un buen día en

DIOS ME GUÍA CON SU SABIDURÍA INFINITA

Mi vida

El amor de Dios es el lugar más seguro para mi mente ansiosa

Dios habla a mi espíritu, y yo aquieto mi mente para escucharlo

El tiempo de Dios es perfecto

El Espíritu Santo transforma mi mente cada vez que me entrego

en Jesús

Mi fe puede mover montañas

descansando en Jesús

SOY MARAVILLOSAMENTE CREADA/O

SOY REDIMIDO/A Y PERDONADO/A

TENGO TODAS MIS NECESIDADES COMPLETAMENTE SUPLIDAS

No tengo miedo; Dios está conmigo

TENGO IDENTIDAD DIVINA

DIOS FORTALECE MI VALENTÍA

NADA ME FALTA

Estoy en

Soy templo

DEL ESPÍRITU SANTO

God's peace guards me

PAZ

y a salvo

Amo profundamente a la persona que soy

Dios me bendice cada día con Su misericordia renovada

NUEVA/O EN CRISTO

DIOS ESTÁ CONMIGO

El amor habita en mí

Soy escogida/o y parte de la realeza de Dios

Confío plenamente en mí

SOY

en calma

ME SIENTO

respetada/o

MI VIDA ESTÁ GUIADA POR SABIDURÍA

Estoy en proceso de ser renovada/o

Mi luz es mágica y única

SOY ÚNICA/O

Mi cuerpo está

sano y fuerte

Mi vida forma parte de una gran historia de redención

MI ESENCIA ES EL

AMOR

DIOS SE DELEITA EN MÍ

Agradezco con el corazón cada bendición que recibo

Tengo control sobre mis emociones

Mi fuerza viene de Dios

Soy una persona segura de mí misma

CREO EN MÍ

Jesús cargó con mis pecados y con mi sufrimiento

MI VIDA TIENE UN PROPÓSITO SAGRADO

SOY UNA CREACIÓN MAGNÍFICA

# AFIRMACIONES

_____

_____

_____

_____

_____

_____

_____

_____

_____

_____

_____

_____

_____

_____

_____

_____

_____

_____

_____

_____

# SUEÑOS

_____

_____

_____

_____

_____

_____

_____

_____

# VISUALIZA

_____

_____

_____

_____

_____

_____

_____

_____

_____

# ¿CUÁL ES MI PETICIÓN PARA HOY?

_____

_____

_____

# ¿QUÉ VOY A HACER HOY?

_____

_____

_____

# ¿QUIÉN QUIERO SER HOY?

_____

_____

_____

## MIS IDEAS:

_____

_____

FECHA EN QUE
TERMINÉ:                        HORA:

3 for **Me**

Mantente fuerte y enfocado, sin importar los desafíos que se presenten en tu camino. Sé que no es fácil, pero esas pruebas no solo te están poniendo a prueba—también te están refinando y preparando para tu propósito. Recuerda: perseverar no se trata solo de resistir, sino de mantenerte firme en la fe y salir del otro lado más fuerte, más sabio y con mayor resiliencia.

FECHA:      DÍA:      HORA:

Dedícate
**3** MINUTOS

- ☐ ESTIRA TU CUERPO
- ☐ BEBE UNA BOTELLA DE AGUA
- ☐ SILENCIO
- ☐ ALABANZA
- ☐ AGRADECE
- ☐ PIDE PERDÓN
- ☐ PIDE Y CONFÍA
- ☐ AFIRMACIONES
- ☐ SUEÑOS
- ☐ VISUALIZA
- ☐ PONTE EN MOVIMIENTO

Usa 3 minutos en
cada práctica de la lista.

# ALABANZA

_____
_____
_____
_____
_____
_____
_____
_____
_____

# AGRADECE

_____
_____
_____
_____
_____
_____
_____
_____
_____
_____

# PIDE PERDÓN

_____

_____

_____

_____

_____

_____

_____

_____

# PIDE Y CONFÍA

_____

_____

_____

_____

_____

_____

_____

_____

_____

# AFIRMACIONES

# SUEÑOS

_____

_____

_____

_____

_____

_____

_____

_____

# VISUALIZA

_____

_____

_____

_____

_____

_____

_____

_____

_____

# ¿CUÁL ES MI PETICIÓN PARA HOY?

_____

_____

_____

# ¿QUÉ VOY A HACER HOY?

_____

_____

_____

# ¿QUIÉN QUIERO SER HOY?

_____

_____

_____

## MIS IDEAS:

_____

_____

FECHA EN QUE
TERMINÉ:                    HORA:

Cada desafío que enfrentas y superas te acerca un paso más a una vida llena de propósito, victoria y verdadera plenitud. Aférrate durante las pruebas, porque te están formando en la persona que estás destinado a ser. Sigue avanzando, sin importar cuán difícil se ponga, porque la recompensa final, la "corona de la vida", espera a quienes perseveran con amor y fe en el corazón.

FECHA:                    DÍA:                    HORA:

### Dedícate
### 3 MINUTOS

- [ ] ESTIRA TU CUERPO
- [ ] BEBE UNA BOTELLA DE AGUA
- [ ] SILENCIO
- [ ] ALABANZA
- [ ] AGRADECE
- [ ] PIDE PERDÓN
- [ ] PIDE Y CONFÍA
- [ ] AFIRMACIONES
- [ ] SUEÑOS
- [ ] VISUALIZA
- [ ] PONTE EN MOVIMIENTO

### Usa 3 minutos en cada práctica de la lista.

# ALABANZA

_____
_____
_____
_____
_____
_____
_____
_____

# AGRADECE

_____
_____
_____
_____
_____
_____
_____
_____
_____

# PIDE PERDÓN

_____
_____
_____
_____
_____
_____
_____
_____

# PIDE Y CONFÍA

_____
_____
_____
_____
_____
_____
_____
_____

# AFIRMACIONES

Confío en la sabiduría infinita de Dios

SOY OBRA MAESTRA DE DIOS

Encuentro descanso

DIOS ME GUÍA CON SU SABIDURÍA INFINITA

Un buen día en Mi vida

El Espíritu Santo transforma mi mente cada vez que me entrego

El amor de Dios es el lugar más seguro para mi mente ansiosa

Dios habla a mi espíritu, y yo aquieto mi mente para escucharlo

El tiempo de Dios es perfecto

en Jesus

Mi fe puede mover montañas

SOY REDIMIDO/A Y PERDONADO/A

SOY MARAVILLOSAMENTE CREADA/O

descansa en Jesus

TENGO TODAS MIS NECESIDADES COMPLETAMENTE SUPLIDAS

No tengo miedo; Dios está conmigo

TENGO IDENTIDAD DIVINA

DIOS FORTALECE MI VALENTÍA

NADA ME FALTA

Estoy en

 Amo profundamente a la persona que soy

Soy templo DEL ESPÍRITU SANTO

God's peace guards me

PAZ

y a salvo

NUEVA/O EN CRISTO

Dios me bendice cada día con Su misericordia renovada

DIOS ESTÁ CONMIGO

El amor habita en mí

Soy escogida/o y parte de la realeza de Dios

Confío plenamente en mí

SOY

ME SIENTO en calma

MI VIDA ESTÁ GUIADA POR SABIDURÍA

respetada/o

Mi luz es mágica y única

SOY ÚNICA/O

Mi cuerpo está sano y fuerte

Mi vida forma parte de una gran historia de redención

MI ESENCIA ES EL

AMOR

DIOS SE DELEITA EN MÍ

Agradezco con el corazón cada bendición que recibo

Tengo control sobre mis emociones

Mi tiempo tiene de Dios

Soy una persona segura de mí misma

CREO EN MÍ

Jesús cargó con mis pecados y con mi sufrimiento

MI VIDA TIENE UN PROPÓSITO SAGRADO

SOY UNA CREACIÓN MAGNÍFICA

Estoy en proceso de ser renovado/a

# AFIRMACIONES

---

---

---

---

---

---

---

---

---

---

---

---

---

---

---

---

---

---

---

---

---

# SUEÑOS

_____

_____

_____

_____

_____

_____

_____

_____

# VISUALIZA

_____

_____

_____

_____

_____

_____

_____

_____

_____

# ¿CUÁL ES MI PETICIÓN PARA HOY?

_____

_____

_____

# ¿QUÉ VOY A HACER HOY?

_____

_____

_____

# ¿QUIÉN QUIERO SER HOY?

_____

_____

_____

## MIS IDEAS:

_____

_____

FECHA EN QUE
TERMINÉ: _____          HORA: _____

3 for
Me

Tu vida ya está llena de propósito,
victoria y plenitud. Confía en que
cada paso, incluso los más
desafiantes, te está formando en la
persona que estás destinada a ser.
Deja que tu determinación y tu
esperanza te guíen mientras
avanzas hacia la
grandeza que te espera.

FECHA: DÍA: HORA:

Dedícate
**3** MINUTOS

- [ ] ESTIRA TU CUERPO
- [ ] BEBE UNA BOTELLA DE AGUA
- [ ] SILENCIO
- [ ] ALABANZA
- [ ] AGRADECE
- [ ] PIDE PERDÓN
- [ ] PIDE Y CONFÍA
- [ ] AFIRMACIONES
- [ ] SUEÑOS
- [ ] VISUALIZA
- [ ] PONTE EN MOVIMIENTO

Usa 3 minutos en
cada práctica de la lista.

# ALABANZA

_____
_____
_____
_____
_____
_____
_____
_____

# AGRADECE

_____
_____
_____
_____
_____
_____
_____
_____
_____

# PIDE PERDÓN

_____

_____

_____

_____

_____

_____

_____

# PIDE Y CONFÍA

_____

_____

_____

_____

_____

_____

_____

_____

# AFIRMACIONES

Confío en la sabiduría infinita de Dios

SOY OBRA MAESTRA DE DIOS

DIOS ME GUÍA CON SU SABIDURÍA INFINITA

Encuentro descanso

Un buen día en Mi vida

El amor de Dios es el lugar más seguro para mi mente ansiosa

Dios habla a mi espíritu, y yo aquieto mi mente para escucharlo

El tiempo de Dios es perfecto

en Jesus

Mi fe puede mover montañas

SOY MARAVILLOSAMENTE CREADA/O

SOY REDIMIDO/A Y PERDONADO/A

TENGO TODAS MIS NECESIDADES COMPLETAMENTE SUPLIDAS

No tengo miedo; Dios está conmigo

descansando en Jesus

DIOS FORTALECE MI VALENTÍA

TENGO IDENTIDAD DIVINA

NADA ME FALTA

Estoy en

Soy templo DEL ESPÍRITU SANTO

God's peace guards me

PAZ

y a salvo

El Espíritu Santo transforma mi mente cada vez que me entrego

Amo profundamente a la persona que soy

Dios me bendice cada día con Su misericordia renovada

NUEVA/O EN CRISTO

El amor habita en mí

DIOS ESTÁ CONMIGO

Soy escogida/o y parte de la realeza de Dios

Confío plenamente en mí

ME SIENTO

MI VIDA ESTÁ GUIADA POR SABIDURÍA

SOY en calma

respetada/o

Mi luz es mágica y única

SOY ÚNICA/O

Mi cuerpo está sano y fuerte

Mi vida forma parte de una gran historia de redención

MI ESENCIA ES EL

AMOR

DIOS SE DELEITA EN MÍ

Estoy en proceso de ser renovado/a

Agradezco con el corazón cada bendición que recibo

Tengo control sobre mis emociones

Mi fuerza viene de Dios

Soy una persona segura de mí misma

CREO EN MÍ

Jesús cargó con mis pecados y con mi sufrimiento

MI VIDA TIENE UN PROPÓSITO SAGRADO

SOY UNA CREACIÓN MAGNÍFICA

# AFIRMACIONES

_____

_____

_____

_____

_____

_____

_____

_____

_____

_____

_____

_____

_____

_____

_____

_____

_____

_____

_____

_____

# SUEÑOS

_____
_____
_____
_____
_____
_____
_____
_____
_____

# VISUALIZA

_____
_____
_____
_____
_____
_____
_____
_____
_____
_____

# ¿CUÁL ES MI PETICIÓN PARA HOY?

_____

_____

_____

# ¿QUÉ VOY A HACER HOY?

_____

_____

_____

# ¿QUIÉN QUIERO SER HOY?

_____

_____

_____

# MIS IDEAS:

_____

_____

FECHA EN QUE
TERMINÉ: _____ HORA: _____

Justo ahora, en este mismo
momento, hay esperanza, paz y
propósito esperándote.
Están aquí, listos para llenar tu
corazón y guiar tus
pasos hacia adelante.
Abrázalos por completo.
¡Fuimos creados para esto!

FECHA:      DÍA:      HORA:

Dedícate
# 3 MINUTOS

- ☐ ESTIRA TU CUERPO
- ☐ BEBE UNA BOTELLA DE AGUA
- ☐ SILENCIO
- ☐ ALABANZA
- ☐ AGRADECE
- ☐ PIDE PERDÓN
- ☐ PIDE Y CONFÍA
- ☐ AFIRMACIONES
- ☐ SUEÑOS
- ☐ VISUALIZA
- ☐ PONTE EN MOVIMIENTO

Usa 3 minutos en
cada práctica de la lista.

# ALABANZA

_____

_____

_____

_____

_____

_____

_____

_____

_____

# AGRADECE

_____

_____

_____

_____

_____

_____

_____

_____

_____

_____

# PIDE PERDÓN

_____

_____

_____

_____

_____

_____

_____

_____

# PIDE Y CONFÍA

_____

_____

_____

_____

_____

_____

_____

_____

# AFIRMACIONES

Confío en la sabiduría infinita de Dios

SOY OBRA MAESTRA DE DIOS

DIOS ME GUÍA CON SU SABIDURÍA INFINITA

Encuentro descanso

Un buen día en Mi vida

El amor de Dios es el lugar más seguro para mi mente ansiosa

Dios habla a mi espíritu, y yo aquieto mi mente para escucharlo

El Espíritu Santo transforma mi mente cada vez que me entrego

El tiempo de Dios es perfecto

en Jesús

Mi fe puede mover montañas

desbordo en Jesús

SOY MARAVILLOSAMENTE CREADA/O

SOY REDIMIDO/A Y PERDONADO/A

TENGO TODAS MIS NECESIDADES COMPLETAMENTE SUPLIDAS

No tengo miedo; Dios está conmigo

TENGO IDENTIDAD DIVINA

DIOS FORTALECE MI VALENTÍA

NADA ME FALTA

Estoy en

Soy templo

DEL ESPÍRITU SANTO

God's peace guards me

PAZ

y a salvo

Amo profundamente a la persona que soy

Dios me bendice cada día con Su misericordia renovada

NUEVA/O EN CRISTO

DIOS ESTÁ CONMIGO

El amor habita en mí

Soy escogida/o y parte de la realeza de Dios

Estoy en proceso de ser renovado/a

Confío plenamente en mí

ME SIENTO en calma

MI VIDA ESTÁ GUIADA POR SABIDURÍA

SOY

respetada/o

Mi luz es mágica y única

SOY ÚNICA/O

Mi cuerpo está sano y fuerte

Mi vida forma parte de una gran historia de redención

MI ESENCIA ES EL

AMOR

DIOS SE DELEITA EN MÍ

Agradezco con el corazón cada bendición que recibo

Tengo control sobre mis emociones

Mi fuego viene de Dios

Soy una persona segura de mí misma

CREO EN MÍ

Jesús cargó con mis pecados y con mi sufrimiento

MI VIDA TIENE UN PROPÓSITO SAGRADO

SOY UNA CREACIÓN MAGNÍFICA

# AFIRMACIONES

_____

_____

_____

_____

_____

_____

_____

_____

_____

_____

_____

_____

_____

_____

_____

_____

_____

_____

_____

# SUEÑOS

---
---
---
---
---
---
---
---

# VISUALIZA

---
---
---
---
---
---
---
---
---

# ¿CUÁL ES MI PETICIÓN PARA HOY?

_____

_____

_____

# ¿QUÉ VOY A HACER HOY?

_____

_____

_____

# ¿QUIÉN QUIERO SER HOY?

_____

_____

_____

## MIS IDEAS:

_____

_____

FECHA EN QUE
TERMINÉ:                    HORA:

Dedicado al hombre
que me enseñó el verdadero significado de

"vivir tu mejor vida"

mi padre.,

Marco Ariolfo Carrasco

www.ingramcontent.com/pod-product-compliance
Lightning Source LLC
Chambersburg PA
CBHW041534120626
46551CB00019B/2691